"प्रखर"

"हूँगा विफल, पर प्रयास छोड़ूँगा नहीं।"

--सिद्धांत तिवारी

वक्रतुण्ड महाकाय सूर्यकोटि समप्रभ ।
निर्विघ्नं कुरु मे देव सर्वकार्येषु सर्वदा ॥

भूमिका

मानव-जीवन मात्र घटनाओं का साधारण प्रवाह नहीं, अपितु वह निरन्तर प्रवहमान एक बृहत् आन्तरिक समर है। यह समर कभी भय और साहस के मध्य होता है, कभी भ्रम और सत्य के मध्य, तो कभी अपने ही अन्तर्मन के द्वार पर खड़े संदेहों के साथ। मनुष्य का चित्त अनेक बार डगमगाता है, परिस्थितियाँ उसे विकल करती हैं, किन्तु उसी क्षण उसके भीतर कहीं एक प्रखर ज्योति भी प्रज्वलित होती है—जो उसे पुनः उठ खड़े होने का आह्वान देती है। उसी आन्तरिक ज्योति, उसी तेजस्वी चेतना और उसी अदम्य संकल्प की अभिव्यक्ति है यह काव्यसंकलन— "प्रखर"।

"प्रखर" नाम मात्र नहीं, अपितु एक भावावस्था है—वह अवस्था जब मनुष्य का अन्तःकरण जड़ता को त्यागकर अनल के समान दीप्तिमान हो उठता है। जब वह भय के

तम को चीरते हुए वज्रवत् अटल हो जाता है। यह कृति उसी आन्तरिक अनल का घोष है, जो मनुष्य को साधारणता की धूल से उठाकर महत्ता के विराट शिखर की ओर अग्रसर करती है।

इस काव्ययात्रा में कभी प्रतिकार का अनल धधकता है, कभी साहस का सिंहनाद निनादित होता है। कहीं चरित्र की अटल शिला खड़ी दिखाई देती है, तो कहीं पश्चाताप की गहन छाया मनुष्य को आत्ममंथन के पथ पर ले जाती है। कहीं मनुष्य स्वयं को काल के सम्मुख खड़ा पाता है, तो कहीं वह स्वयं ही कालरूप धारण कर अन्याय और पातक के सम्मुख अडिग होकर खड़ा हो जाता है।

इन काव्यों में मात्र बाह्य संघर्षों का चित्रण नहीं है, अपितु उस सूक्ष्म युद्ध का भी वर्णन है जो मनुष्य अपने ही अन्तरतम में लड़ता है। भ्रम और मिथ्या के कुहासे से

निकलकर सत्य के प्रकाश तक पहुँचने की यात्रा यहाँ अंकित है। अंतरभय की छाया से जूझते हुए आत्मबल के उदय का दृश्य यहाँ उपस्थित है। कहीं राष्ट्रनिष्ठा का प्रज्वलित अनल है, तो कहीं आत्मसंघर्ष की मौन किन्तु विभ्राट साधना।

जीवन को यहाँ विराट कुरुक्षेत्र के रूप में देखा गया है—एक ऐसा कुरुक्षेत्र जहाँ प्रत्येक मनुष्य योद्धा है और उसका वास्तविक प्रतिद्वन्द्वी कोई अन्य नहीं, अपितु उसका अपना ही संदेह, उसका अपना ही मोह और उसका अपना ही दुर्बल मन है। जो इस अन्तर्मन के युद्ध में विजयी होता है, वही जीवन के विभ्राट रणांगण में भी अजेय बनता है।

"प्रखर" का मर्म यही है कि मनुष्य अपने भीतर स्थित उस अदृश्य अनल को पहचान सके। परिस्थिति चाहे विकल हो, किन्तु मनस्थिति अचल और अटल रहे। पथ चाहे कंटकाकीर्ण क्यों न हो, किन्तु संकल्प हिमालय

के समान अडिग बना रहे। जब मनुष्य अपने अन्तर्मन से युद्ध करना सीख लेता है, तभी उसके भीतर से सिंहनाद निनादित होता है, तभी वह कह उठता है— "अहं ब्रह्मास्मि" ।

यह कृति पाठक को मात्र पंक्तियों का आस्वादन कराने के लिए नहीं, अपितु उसके अन्तःकरण में सुप्त पड़े तेज को जागृत करने के लिए प्रस्तुत है। यदि इन पद्यों में कहीं आपको अपने ही जीवन का संघर्ष, अपनी ही जिजीविषा और अपनी ही प्रज्वलित आकांक्षा का प्रतिबिम्ब दिखाई दे, तो यही इस ग्रन्थ की वास्तविक सिद्धि होगी।

---सिद्धान्त तिवारी

****

दार्शनिक टिप्पणी

मनुष्य का जीवन बाह्य रूप से जितना सरल दिखाई देता है, आन्तरिक रूप से उतना ही गूढ़ और जटिल होता है। शरीर, इन्द्रियाँ और बाह्य संसार तो जीवन का दृश्य पक्ष हैं, किन्तु मनुष्य के वास्तविक अस्तित्व का केन्द्र उसके भीतर स्थित मन और चित्त में निहित है। इन्हीं के आधार पर मनुष्य विचार करता है, निर्णय लेता है, अनुभव करता है और जीवन की दिशा निर्धारित करता है। यदि मनुष्य के शरीर को एक रथ माना जाए, तो उसका मन सारथी है और चित्त वह विशाल भण्डार है जिसमें जीवन के समस्त संस्कार, स्मृतियाँ और अनुभूतियाँ संचित रहती हैं।

भारतीय दार्शनिक परम्परा में मन, बुद्धि, चित्त और अहंकार को मिलाकर अन्तःकरण चतुष्टय कहा गया है। इनमें से मन विचारों का प्रवाह है, बुद्धि निर्णय की

शक्ति है, चित्त स्मृतियों और संस्कारों का संग्रह है तथा अहंकार वह भावना है जिसके कारण मनुष्य स्वयं को एक स्वतंत्र सत्ता के रूप में अनुभव करता है। इस दृष्टि से मनुष्य का जीवन केवल भौतिक प्रक्रियाओं का परिणाम नहीं, बल्कि सूक्ष्म मानसिक और चेतनात्मक प्रक्रियाओं का एक विराट समन्वय है।

यदि इसे वैज्ञानिक दृष्टि से देखा जाए तो मनुष्य का मस्तिष्क अत्यन्त जटिल तंत्रिका-जाल से निर्मित होता है। यह तंत्रिका-जाल निरन्तर बाह्य संसार से संकेत ग्रहण करता है, उनका विश्लेषण करता है और उन पर प्रतिक्रिया उत्पन्न करता है। जब मनुष्य किसी घटना का अनुभव करता है, तब वह अनुभव मस्तिष्क की तंत्रिकाओं में एक स्मृति के रूप में अंकित हो जाता है। यही स्मृतियाँ आगे चलकर मनुष्य के विचारों और व्यवहार को प्रभावित करती हैं। इस प्रकार मनुष्य का चित्त एक ऐसे गहन सरोवर के समान है जिसमें जीवन के असंख्य अनुभवों की तरंगें संचित रहती हैं।

किन्तु जीवन का प्रवाह सदा शान्त नहीं रहता। समय-समय पर परिस्थितियाँ ऐसी भी आती हैं जो मनुष्य के मन को विचलित कर देती हैं। असफलता, भय, संशय, अपमान, संघर्ष और विपरीत परिस्थितियाँ—ये सब जीवन के वे तूफान हैं जो मनुष्य के अन्तर्मन को उद्विग्न कर देते हैं। कभी-कभी परिस्थितियाँ इतनी विकट प्रतीत होती हैं कि मनुष्य स्वयं को असहाय अनुभव करने लगता है। उसका मन डगमगाने लगता है और चित्त में संदेह, भय तथा निराशा के बादल छा जाते हैं।

वास्तव में समस्याएँ जीवन का स्वाभाविक अंग हैं। संसार का प्रत्येक मनुष्य किसी न किसी प्रकार के संघर्ष से होकर गुजरता है। किन्तु यह भी उतना ही सत्य है कि समस्याओं का प्रभाव प्रत्येक व्यक्ति पर समान नहीं होता। कुछ लोग छोटी-सी बाधा से भी भयभीत हो जाते हैं, जबकि कुछ लोग महान संकटों के बीच भी

अडिग खड़े रहते हैं। इसका मूल कारण बाह्य परिस्थिति नहीं, बल्कि मन और चित्त की अवस्था होती है।

जब मन दुर्बल होता है, तब छोटी-सी कठिनाई भी पर्वत के समान प्रतीत होती है। व्यक्ति अपने ही संदेहों में उलझ जाता है और परिस्थितियों के सामने स्वयं को पराजित मान लेता है। इसके विपरीत जब मन दृढ़ होता है और चित्त स्थिर रहता है, तब वही कठिनाई एक साधारण चुनौती के रूप में दिखाई देती है। ऐसा व्यक्ति समस्याओं से भागता नहीं, बल्कि उनका सामना करता है और समाधान खोजने का प्रयास करता है।

विज्ञान भी इस तथ्य को स्वीकार करता है कि मनुष्य की मानसिक अवस्था उसके कार्यों की सफलता को अत्यधिक प्रभावित करती है। जब मन एकाग्र और संतुलित होता है, तब मस्तिष्क की क्रियाएँ अधिक व्यवस्थित हो जाती हैं। निर्णय स्पष्ट होते हैं, विचारों में

दृढ़ता आती है और व्यक्ति परिस्थितियों का सामना अधिक विवेकपूर्ण ढंग से कर पाता है। इसके विपरीत जब मन भय, संशय या निराशा से ग्रस्त होता है, तब वही मस्तिष्क भ्रमित हो जाता है और व्यक्ति उचित निर्णय लेने में असमर्थ हो जाता है।

इस प्रकार यह स्पष्ट हो जाता है कि जीवन की वास्तविक शक्ति बाहरी साधनों में नहीं, बल्कि मनुष्य के आन्तरिक सामर्थ्य में निहित होती है। जब मनुष्य अपने मन को अनुशासित करता है, अपने चित्त को स्थिर बनाता है और अपने विचारों को सकारात्मक दिशा प्रदान करता है, तब उसके भीतर एक अद्भुत परिवर्तन उत्पन्न होता है। उसका आत्मविश्वास बढ़ता है, उसके संकल्प दृढ़ होते हैं और वह कठिन से कठिन परिस्थिति का सामना भी साहसपूर्वक करने लगता है।

इतिहास में जिन महान व्यक्तित्वों ने विपरीत परिस्थितियों के मध्य असाधारण उपलब्धियाँ प्राप्त कीं,

उनके जीवन का अध्ययन करने पर यह स्पष्ट हो जाता है कि उनकी वास्तविक शक्ति उनके भीतर स्थित अडिग मन और दृढ़ चित्त में निहित थी। उन्होंने परिस्थितियों को अपने ऊपर शासन करने नहीं दिया, बल्कि अपने संकल्प और साहस के द्वारा परिस्थितियों को ही परिवर्तित कर दिया।

इसी संदर्भ में साहित्य की भूमिका अत्यन्त महत्त्वपूर्ण हो जाती है। साहित्य केवल शब्दों का समूह नहीं होता; वह मानव-मन की गहराइयों को स्पर्श करने वाली शक्ति है। एक प्रभावशाली विचार, एक प्रेरणादायी पंक्ति या एक प्रखर कविता मनुष्य के भीतर सुप्त पड़े साहस को जागृत कर सकती है। वह निराश मन में आशा का संचार कर सकती है और डगमगाते चित्त को स्थिरता प्रदान कर सकती है।

यही उद्देश्य इस काव्य-संकलन "प्रखर" का भी है। यह ग्रन्थ मात्र कविताओं का संग्रह नहीं, बल्कि मनुष्य के अन्तर्मन को जागृत करने का एक प्रयास है। इस पुस्तक में संकलित प्रत्येक कविता जीवन के किसी न किसी पक्ष को स्पर्श करती है—कहीं साहस का आह्वान है, कहीं प्रतिकार की चेतना, कहीं आत्ममंथन की गहराई, तो कहीं चरित्र की अटलता का संदेश।

इन कविताओं का प्रयोजन यह है कि पाठक अपने भीतर स्थित उस शक्ति को पहचान सके जो अनेक बार परिस्थितियों के आवरण में छिप जाती है। जब मनुष्य इन पंक्तियों का आस्वादन करता है, तब वह केवल शब्द नहीं पढ़ता; वह अपने ही अन्तर्मन की प्रतिध्वनि सुनता है। उसे यह अनुभव होता है कि उसके भीतर भी वही साहस, वही संकल्प और वही प्रखर चेतना विद्यमान है।

जब मनुष्य अपने मन को सुदृढ़ बनाता है और अपने चित्त को संयमित करता है, तब जीवन की कठिनाइयाँ भी उसके लिए मार्ग का अवरोध नहीं रह जातीं, बल्कि वे उसके व्यक्तित्व को और अधिक सुदृढ़ बनाने का साधन बन जाती हैं। जैसे प्रचण्ड अग्नि में तपकर स्वर्ण अधिक शुद्ध और दीप्तिमान हो जाता है, वैसे ही जीवन के संघर्ष मनुष्य के चरित्र को और अधिक दृढ़ तथा प्रखर बना देते हैं।

अतः इस ग्रन्थ का मूल संदेश यही है कि मनुष्य अपने भीतर स्थित उस अदृश्य शक्ति को पहचान सके। परिस्थितियाँ चाहे कितनी ही विकट क्यों न हों, यदि मन दृढ़ और चित्त स्थिर है तो कोई भी बाधा स्थायी नहीं रहती। जो व्यक्ति अपने अन्तर्मन को विजय कर लेता है, वही जीवन के महान रणांगण में भी विजयी होता है।

यदि इस पुस्तक की पंक्तियाँ पाठक के मन में साहस की एक नई किरण उत्पन्न कर सकें, यदि वे उसके चित्त को दृढ़ता प्रदान कर सकें और यदि वे उसे जीवन के संघर्षों का सामना करने के लिए प्रेरित कर सकें, तो यही इस कृति की वास्तविक सार्थकता होगी। क्योंकि अन्ततः मनुष्य की सबसे बड़ी विजय बाहरी संसार पर नहीं, बल्कि अपने ही मन और चित्त पर होती है।

****

अनुक्रम

xxvii. अंतरभय

xxviii. मैं अंतर की सोच हूँ

xxix. प्रश्न

xxx. वेदना संवेदना

xxxi. अहं ब्रह्मास्मि प्रतिशोध

xxxii. प्रतिशोध

xxxiii. चिल्लाता है वो सन्नाटा।

xxxiv. पाखंड

xxxv. प्रलय

xxxvi. भय यदि तुम्हें पराजित कर दे,
तो तुम जय के पात्र नहीं हो।

xxvii. बड़े नासाज मंज़र से गुज़रते देखा है...

****

"रचनाएँ"

आकार लेने को नया।

आकार लेने को नया
मैं टूट कर बिखर रहा,
टुकड़ों में चूर-चूर हो,
तपिश में मैं सँवर रहा।

मैं मूर्तिकार का सृजन,
अग्नि में हो रहा दहन,
पिघल रहा हूँ इस तरह—
आकार लेने को नया...
मैं टूट कर बिखर रहा।

मैं चित्त की वह कल्पना,
हृदय की हूँ वह वेदना,
प्लावन के कुछ प्रवाह से
फटती नहीं जैसे धरा।

आकार लेने को नया,
मैं टूट कर बिखर रहा...

तिमिर से भरी है धरा,
नहीं कोई संवेदना,
वास्तविक व्यक्तित्व को
जैसे दिखा हो आईना।

तमस भरे आकाश में
जैसे हो सूर्य उग रहा।
आकार लेने को नया,
मैं टूट कर बिखर रहा...

शोणित का क्षय करता हुआ
वह पथ है कंटक से भरा,
दृढ़ का दमन करता हुआ,
मृद का मर्दन करता हुआ,

सामर्थ्य का खंडन
स्थिति के भीति से करता हुआ।

पर टूटने पर
कुछ परों के भी
गरुड़ उस व्योम में उड़ता रहा।
आकार लेने को नया,
मैं टूट कर बिखर रहा...

कौन कहता है निशानी,
कमज़ोरों की है टूटना?
जो टूटे हो कभी,
तो पता चले कि
टूटने पर अक्सर होता है क्या?
टूट कर जुड़े, किसी पत्थर को देखो—
उस पत्थर से, सख़्त होता है क्या...

होऊँगा विफल पर, प्रयास छोड़ूँगा नहीं।

होऊँगा विफल पर,
प्रयास छोड़ूँगा नहीं।
इतने समय का श्रम,
सहास छोड़ूँगा नहीं।

झेल लिए इतने विपदाओं के
कंटक—
कंटक-पथ भी
अनायास छोड़ूँगा नहीं।
होऊँगा विफल पर,
प्रयास छोड़ूँगा नहीं।।

शंका कुछ अब भी है
अंतर में मेरे,
प्रगति-पथ पर पग
कब होंगे अब मेरे।

शंका का मर्दन कर
दृढ़ निश्चय से तत्पर,
मन में पलता यह
आभास छोड़ूँगा नहीं।
होऊँगा विफल पर,
प्रयास छोड़ूँगा नहीं।।

हूँ पराजित पक्षी मैं,
निहारता हूँ व्योम को,
प्रबल इच्छित अंतरमन की
छू लूँगा सोम को।

हारा हूँ निश्चित पर
विश्वास छोड़ूँगा नहीं।
होऊँगा विफल पर,
प्रयास छोड़ूँगा नहीं।।

निश्चित ही विस्मृत है
उड़ना इस खम दिव में,
पर मैं भी गरुड़ हूँ—
आकाश छोड़ूँगा नहीं।
होऊँगा विफल पर,
प्रयास छोड़ूँगा नहीं।।

विपदाओं की शय्या,
कष्टों का उपधान,
यह कैसी शांति है,
कैसा यह विश्राम?

दुविधा में भी ऐसी
उल्लास छोड़ूँगा नहीं।
होऊँगा विफल पर
प्रयास छोड़ूँगा नहीं।।

ये श्वेद जो बूँद है,
ललाट पर जो छा रही,
ललाट से फिसल-फिसल
हथेलियों में आ रही।

इस श्वेद को बहाने का
अभ्यास छोड़ूंगा नहीं,
हूँगा विफल,
पर प्रयास छोड़ूंगा नहीं।

प्रतिकार

उठो, जलाओ अनल स्वयं में,
ढाढ़स धर, हूँकार भरो।
और जैसी भी हो जटिल व्यथाएँ,
दृढ़ हो उनका प्रतिकार करो।

करो निनादित ध्वनि क्षितिज में,
प्रलयंकारी ललकार भरो।
चीख उठें वे दशो दिशाएँ,
ऐसा भीषण संहार करो।

और जैसी भी हो जटिल व्यथाएँ,
दृढ़ हो उनका प्रतिकार करो।
रुधिर लिया है रूप नदी का,
देखो, सर-सर कर बहता है।

मुझे व्यर्थ जाने देना न,
रुधिर व्यथा व्यक्त करता है।
लोहित व्यथा को लक्ष्य मानकर,
अपना सुदृढ़ प्रहार करो।

जैसी भी हो जटिल व्यथाएँ,
दृढ़ हो उनका प्रतिकार करो।

तिमिर कोष्ट में पलने वाले,
जन्तुओं में जब जयनाद पले,
अंधकार अंतर अवश्य,

पर बाह्य अटल संकल्प जले।
तब मारतंड से मिलने वाली
किरणों का तुम आभार करो।
और--

जैसी भी हो जटिल व्यथाएँ,
दृढ़ हो उनका प्रतिकार करो।

****

अपराजेय

बंधु जीवन जीवन जलती ज्वाला,
जलते-जलते चलना सीखो।
यदि , सुखद जीवन चाहो तो
पीड़ा में फिर पलना सीखो।।

सीखो शोणित-धार बहाना,
शमशीरों के बीच सघन।
आस-पास धर असि निकलती,
फिर भी बंधु रहो मगन।।

माथे पर जो तेज झलकता,
मुखमंडल पर एक मुस्कान।
सखा मान यह बात है निश्चित,
पर्याप्त यही—ले ले अरि प्राण।।

शमशीर सहारे गिरा हुआ तू,
पुनः उठेगा जब बंधु।
रक्त निकलते भुजदंडों से,
पुनः लड़ेगा जब बंधु।।

दुविधा समस्त वह भय खाएँगी,
तेरे समक्ष भी आने में।
साँसें ऊपर-नीचे होंगी,
तुझसे नेत्र मिलाने में।।

बस एक स्थिति की पूर्ति कर,
और वचन स्वयं को दे सखा।
नहीं अंत तक हारेगा तू,
शत्रु को देगा धूल चटा।

निज दृढ़ संकल्प सुनाता हूँ।

भीतर नव तेज प्रवाह लिए,
अंतरमन में उत्साह लिए।
मैं अग्रिम होते जाता हूँ,
..........निज दृढ़ संकल्प सुनाता हूँ।

मैं प्रबल, प्रखर विश्वास लिए,
अनुपम, अतुल्य आभास लिए।
मैं अपना लक्ष्य बनाता हूँ,
मैं पथिक हूँ, पथ निर्माता हूँ।
.........निज दृढ़ संकल्प सुनाता हूँ।

मैं विजय गीत का गायक हूँ,
मैं स्वयं, मार्ग का नायक हूँ।
मैं अखंड दीप जलाता हूँ,
जीवन को मैं उजिराता हूँ।
.........निज दृढ़ संकल्प सुनाता हूँ।

मैं ज्ञान मान का शस्त्र लिए,
बुद्धि कौशल का अस्त्र लिए।
मैं युद्ध पथिक बन जाता हूँ,
.........निज दृढ़ संकल्प सुनाता हूँ।

सुदृढ़ श्रम संकल्प लिए,
भय भीतर निश्चित अल्प लिए।
विद्युत सम आगे जाता हूँ,
मैं लक्ष्य भेद कर पाता हूँ।
.........निज दृढ़ संकल्प सुनाता हूँ।

जीवों को क्षीर देने हेतु तुम हलाहल का पान करो।

अंतःकरण से तमस की
भीति को तुम निकाल दो,
वपु की सभी नसों में तुम
राग भैरवी डाल दो।

उल्का सम, चेतस पर पड़ते
कोलाहल का अवसान करो,
जीवों को क्षीर देने हेतु तुम
हलाहल का पान करो।

क्षत्रिय वही जो, असिधार को
जब भी म्यान से अलग करे,

लोहित से उसकी तृष्णा हरे
अथवा स्वरक्त से तिलक करे।

उसका क्या जो तलवारों को
मिथ्या साहस के नाम करे,
पाखंड रचे और दंभ भरे,
कातरता पर अभिमान करे।

यदि करना है तो सत्पौरुष के
पुरुषत्व का मान करो,
जीवों को क्षीर देने हेतु तुम
हलाहल का पान करो।

रण से खाकर भय कई शूर
असि कर में नहीं उठाते हैं,
सिंहों के वेश बैठे श्वान

रणभेरी से घबराते हैं।
फिर लेकर कुमुद श्वेत वर्ण का
शांति का बिगुल बजाते हैं।

कभी इन शांतिदूतों से कहो कि
रण का यह सम्मान करें,
उठा खड्ग लेकर ज्वाला
मृत्यु का वह आवाहन करें,
जीवों को क्षीर देने हेतु वह
हलाहल का पान करें।

राष्ट्रास्त्र

नभवज्रों सा साहस भर कर,
जय के पथ पर अनल जले।
धरा निनादित धर्म से हो,
समर धरा पर साथ चलें।

शोणित क्षय, अविरल धारा,
देह की नस-नस से निकले।
पर शपथबद्ध जो राष्ट्र हेतु,
वह शोणित शय से कहाँ डरे।

वज्रनाद हूँकार बनी है,
कालचक्र को चीर चले।
मंथन से ही मंत्र जगे हैं,
शंखनाद की राह खुले।

दीप्त दिशाएँ गर्जन करतीं,
रणघोषों में ध्वनि पले।
जो मिट्टी से दीप बने हैं,
वे तिमिर से कहाँ डरे।

निज अंतर्मन से लड़ना होगा

अब काल आ गया है कि हमको
रण के लिए उतरना होगा।
अरिमर्दन करने से पूर्व
निज अन्तर्मन से लड़ना होगा।

फटी ज़ा रही, जा रही रक्त धरियाँ,
शोणित सरसर कर बहता है,
मनुज का सर्ववृहद शत्रु
स्वयं मनुज भीतर रहता है।

बाह्य समर में जय के पूर्व
अन्तर की हार को हरना होगा।

अरिमर्दन करने से पूर्व
निज अन्तर्मन से लड़ना होगा।

भयकारी नृत्य का सृजन हुआ है,
मृत्यु का भय निज हृदय पला है,
अनित्य वपु मर्दन से पूर्व
इस तुच्छ भीति को मरना होगा।

अब समय आ गया है कि हमको
रण के लिए उतरना होगा।
अरिमर्दन करने से पूर्व
निज अन्तर्मन से लड़ना होगा।

स्वयं काल बन आया हूँ

देह में संचारित कर विद्युत
मैं बाण साधता हूँ नभ पर,
सर्वस्व व्योम कर साध सकूँ--
विश्वास यही हो दृढ़ तत्पर।

ऐसे साहस का हो प्रवाह,
निर्भीक रहूँ जीवन पथ पर,
चाहे हो उपवन काँटों का
या चलना हो अग्नि पथ पर।

वीरत्व जहाँ पर पलता है,
उस अम्ब गर्भ से आया हूँ,
और काल साधने के कारण
मैं स्वयं काल बन आया हूँ।

मैं अटल भीष्म प्रण लेता हूँ

क्या उचित है तोड़ना
हृदय के संकल्प को,
या मिटाना प्रगति के
अंतिम विकल्प को?

अरे, कैसी व्यथा
और कैसी-सी दुविधा,
मैं शून्य के प्रत्येक क्षण का विजेता हूँ,
मैं अटल भीष्म प्रण लेता हूँ।

कितने अग्निपथ पर
शीतल जल फेरूँगा,
कितने पाषाणों पर

किंशुक उकेरूँगा।
कब तक मारूँगा
हाथ-पाँव तैरने को,
और कब तक मैं स्वयं के

बलबूते पर तैरूँगा?
सामर्थ्य को साक्ष्यमान
सर्वस्व दान देता हूँ,
मैं अटल भीष्म प्रण लेता हूँ।

क्यों मृतक से हो पड़े
वपु धरे उपधान पर,
पुरुषार्थ का, परमार्थ का,
कर्तव्य का बलिदान कर।

अस्तित्व में जागो स्वयं के—
स्वयं से कह लेता हूँ,
मैं अटल भीष्म प्रण लेता हूँ।

इन भुजदण्डों का क्या प्रयोग
यदि कर्मयोग के दास नहीं,
यदि क्षणिक मात्र-सी दुविधा पर
सामर्थ्यवान प्रयास नहीं।

यदि पौरुष के प्रत्येक तपन का
प्राण-पूर्ण विन्यास नहीं,
ये भुजदण्ड साहस के नहीं,
फिर चिन्ह मात्र उपहास के ही।

मात्र इसी वार्ता को मैं,
अपने मति में भर देता हूँ,
मैं अटल भीष्म प्रण लेता हूँ।

जंगजू

हृदय का हो या हृदय की
वेदना का ताप हो,
मन के माधुर्य को हरे
कोई अभिशाप हो,

या चित्त को भय से भरे
ऐसा कोई संताप हो—
ऐसे हर ताप को
शीतल जल कर दूँ।

अकल्प उस विकल्प के
संकल्प से बँधा हुआ,
मैं जंगजू युद्ध का
रण में चलता हुआ।

कुरुक्षेत्र

कुरुक्षेत्र की रक्तभूमि
अर्जुन तुमको ललकार रही,
मस्तक कटकर गिरे हुए
रण की भेरी चिंगाड़ रही।

है समक्ष परिजन अवश्य
पर तुम्हें धनुःधरना होगा,
इस रण में यदि काल भी आए,
काल को भी मरना होगा।

स्मरण करो वो क्षण अर्जुन,
जब धर्म प्रांगण मौन पड़ा,
था चक्रवात वाहन दुराचार
पर किसका पौरुष खड़ा हुआ।

किसने वहाँ दुष्ट क्रीड़ा पर
अपना धनु: उठाया था,
निश्चित सब थे शूर वहाँ
पर किसने धर्म बचाया था।

अब धर्म बचाने के हेतु
तुम्हें मेरे साथ चलना होगा,
और देखो उन नरमुण्डों को,
तुम्हें उन्हें काट लड़ना होगा।

उठो पार्थ, खींचो प्रत्यंचा
तुमको तीर चलाना है,
और लक्ष्य भेदने के हेतु
तुम्हें स्वयं बाण बन आना है।

हे माधव, मेरी मति पर
जो तुमने ज्ञान उकेरा है,
अब तुम ही बताओ वासुदेव,
कैसा नियति का फेरा है?

तुम दहाड़कर इस रण में
दिखते शील और मौन हो,
कैसी माया, कैसी दुविधा,
कहो कृष्ण तुम कौन हो?

आओ पार्थ मैं तुम्हें बताता हूँ
कि मेरा नाम क्या,
ये सृष्टि मेरी क्या लगती
और असल में मेरा काम क्या।

मैं अनादि, मैं अखंड,
मार्तंड सा प्रचंड,
सूर्य सोम सा प्रखर,
अनादि आत्म हूँ अजर।

विवेक की मैं विराट मैं,
शून्य सा विभ्राट मैं,
मैं अटल अनल समान,
समर का शूर शौर्यवान।

रण का हूँ निनाद मैं,
प्रलय का काल नाद मैं,

प्रलय भी मैं, विलय भी मैं,
शून्य का समय भी मैं।

विभत्स रूप प्राण का,
अतुल्य आत्मज्ञान सा,
अकांड मैं, प्रकांड मैं,
समस्त हूँ ब्रह्मांड मैं ।

गर बनना शमशीर तुम्हें

गर बनने ना शमशीर तुम्हें,
तो भट्टी में जलना होगा।
यदि स्वर्ण के भांति चमकना,
अग्नि में तप पिघलना होगा।

काँटों की औकात ही क्या है ?
आने दो ज्यों पथ में आए,
कंटकपथ पर चलते चलते
कुमुद शिखर तक चलना होगा।

गर बनने ना शमशीर तुम्हें,
तो भट्टी में जलना होगा।

तिमिर कक्ष में बैठे बैठे
कब तक भानु की राह तकोगे?

ये तिमिर तुम्हारे अंतर में है,
तुम्हें स्वयं सूर्य बन हरना होगा।

गर बनना शमशीर तुम्हें,
तो भट्टी में जलना होगा।

पाषाणों पर चलते चलते,
पत्थर अपने मन को कर लो।
अंधकार का दुर्विचार यदि

चित्त में है तो उसको हर लो।
अरुणोदय के साथ साथ,
तुमको भी प्रखरित बनना होगा।

गर बनना शमशीर तुम्हें,
तो भट्टी में जलना होगा।

जो आज चलोगे पैरों की
एड़ी को सड़कों पर घिसकर तुम,
विश्वास करो इन पैरों को फिर
फूलों से गुजरना होगा।

गर बनना शमशीर तुम्हें,
तो भट्टी में जलना होगा।

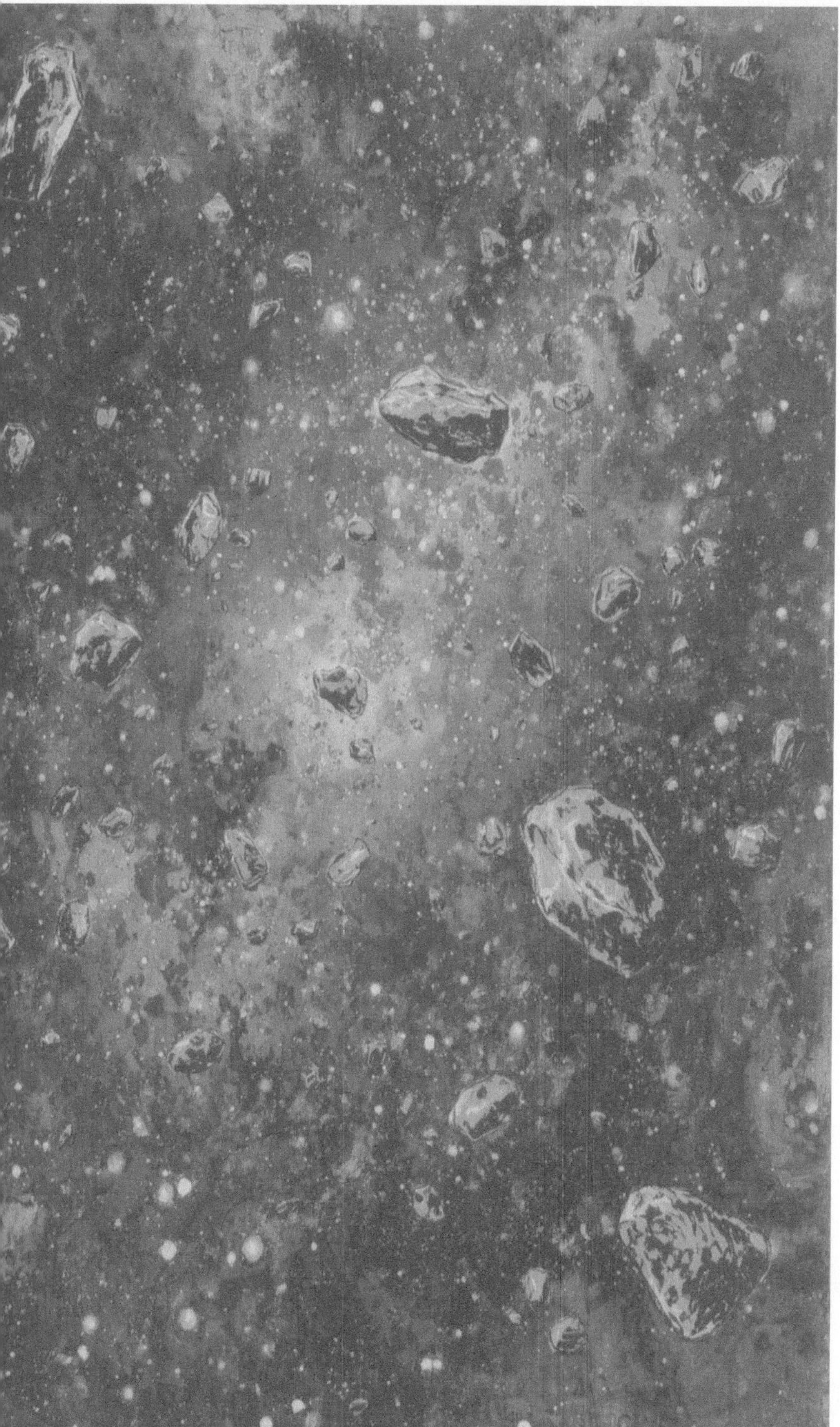

शून्य क्षण

मैं शून्य के अनंत क्षण में
समस्त त्याग हूँ रहा,
विराट दिक से चित्त में
स्वयं में जाग हूँ रहा,

मैं भीष्म से अडिग वचन की
अग्नि में जल रहा,
मैं श्रम रक्त का पिपासु
विभत्स हो मचल रहा,

विशालकाय व्योम में
जय का जो निनाद है,
निनाद है कि घोष है,
समर का कालनाद है,

और रेत से उस रणभूमि को
रक्त से जल सींच दो,
और वक्ष से शत्रुओं के अपने
प्राणनाड़ी खींच लो।

विचार

विचार जन्म ले रहा,
हृदय-पटल को फाड़कर,
स्व-देह की नब्ज-नब्ज से,
विकार को उखाड़कर।

देह के रोम-रोम से,
वह वाणी चीखती रही,
कि कार्य कर तू कुछ अजब,
तू लड़ स्थिति से वार कर।

तू आज देख सूर्य को,
आँखों में आँख डालकर,
तू तेज़ ले ललाट पर,
तू ओज रख स्व-भाल पर।

और याद रख - कि दृढ़ रहे
जो दृष्टि तूने डाल दी,
कि सूर्य को प्रतीत हो,
प्रखर समक्ष भाल भी।

धरा का प्रश्न यह नहीं –
कि कौन दल विजयी हुआ,
धरा का प्रश्न यह अटल –
कि कौन दृढ़ खड़ा रहा।

खड़ा जो पूर्ण शौर्य से,
समर में दृढ़, प्रबल, प्रखर –
नृश्रेष्ठ वही शूर है,
वही विजय का है शिखर।

उठ! सखा पुकारती तुझे –
तपिश धरा है आज,
सजे हैं सुर कराल के,
और काल का सजा है साज।

विभत्स नेत्र खोल तू,
दिखा प्रचंड तेज को,
न रोक पाएगा कोई –
तेरे अखंड वेग को।

अटल

हो रहा पराजित है मन भीतर,
खंड-खंड नित हारकर,
अब काल आ गया है बंधु,
तू प्रखरित प्रबल प्रहार कर।

मिट गई धार शमशीरों के,
और सूख गई शोणित सरिता,
तृष्ण बुझा तू शोणित से,
ललकार लगा, हुंकार लगा।

सिंह गर्जना कर कंपित
वायुमंडल के वायु में,
रक्त प्रवाह कर उतेजित,
तु देह के स्नायु-स्नायु में।

चढ़ा प्रत्यञ्चा कालधनुष की,
मिटा काल की आशंका,
भीति जला, तू मृत्युकाल की,
चढ़ा साहस की प्रत्यञ्चा ।

भूल गए तेरी क्षमता
जो तुझसे लड़ने आए हैं,
और मन में भरकर आशंका
जो जिद पर अड़ने आएं,

जो आए हैं तुझसे लड़ने
बतला पानी कितना उनमें,
सिंह जगा खुद के भीतर
और बता आग कितनी तुझमें।

भूज्वाल जलाना आवश्यक
तेरे चितमानस के भीतर,
संताप में जलना आवश्यक
इस मादक जीवन के भीतर,

है आवश्यक रण में जलना,
जलना समर भूमि पर,
और करना तिलक तेज मस्तक का,
शोणित सनित धुनी पर।

है विस्तृत तेरी ऊर्जा,
तू एकत्रित, जा उसको कर
और साध बाण और चाप लिए,
तू प्रत्यंचित, जा उसको कर।

लक्ष्य साधकर लक्ष्य भेद कर,

चीरकाल वक्षस्थल तू।
नेत्र डालकर नेत्रकाल के
दिखा उसे क्षमता बल तू।

तू वज्रपात की वज्रनाद,
विद्युत की जलती ज्वाला है,
तू रणगर्जन की ध्वनि ऊग्र,
तू वीर, शूर मतवाला है,

तू अग्निपथ के अंगारों पर
निर्भय चलने वाला है
और अस्त्रगार है नित जीवन का,
स्वयं शूल धर भाला है।

तेरी दृढ़ता को काट सके
ऐसी कोई शमशीर नहीं,
साहस को बंध सके तेरे
ऐसी कोई जंजीर नहीं।

जंजीर स्वयं, तू अभयवान,
निज अंतर में दृढ़ लक्ष्यमान,
प्रखरित कर निज स्वाभिमान,
और स्थापित कर नव कीर्तिमान।

तू प्रखर अनल की सघन ज्वाल,
साहस का वक्षस्थल विशाल,
तू विषम काल का भी कराल,
तू ओज प्रज्ज्वलित, सूर्यभाल।

तू पथिक समर की भूमि का,
रणघोष निनादित भूमि का
कंपित कर भू के कण-कण को
इस कालचक्र के क्षण-क्षण को।

बात उठी है साहस की

सिंघनाद की लपट उठी है,
अनल जली है ढाढ़स की।
हुआ निनादित प्रलय शंख
अब बात उठी है साहस की ।

एक दृष्टि से घाट लगाए
शत्रु सीमा पर आतुर हैं।
हृदय गति अब तीव्र स्पंदति,
रक्तस्नान को व्याकुल है।

संहार अरि का करने को,
ये खड़ग मयाने तोड़ चुकी।
अरि शोणित पीजाने को
वायु अपना रुख मोड़ चुकी ।

और एक स्वर में चीक उठी
है ध्वनि विजय की, ढाढ़स की
हुआ निनादित प्रलय शंख,
अब बात उठी है साहस की।

जीए जा रहा हूँ...

मैं क्यों हूँ, मैं कौन हूँ,
मैं अंतर से मौन हूँ,
मैं कैसे किस तरह हूँ,
न समझ पा रहा हूँ,

बस जीए जा रहा हूँ।

शायद कोई निमित्त हूँ
या व्यथित सा चित हूँ,
प्राण के गरल को मैं
पिए जा रहा हूँ,

बस जीए जा रहा हूँ।

क्या तिमिर का वक्ष हूँ,
घुटन भरा कोई कक्ष हूँ,
बस तमस को देह में
लिए जा रहा हूँ,

बस जीए जा रहा हूँ।

दबी हुई कोई वाणी हूँ
या तुच्छ मात्र प्राणी हूँ,
सामर्थ्य को अनभिग्यता
दिए जा रहा हूँ,

बस जीए जा रहा हूँ।

उठना मुझे इस क्षण में है,
लड़ना मुझे कण-कण से है,
इस सत्य को मैं भ्रम में
सिए जा रहा हूँ,

बस जीए जा रहा हूँ।

ये चित्त मेरा है अरि,
ये ज्ञात मुझको प्रतिघड़ी,
पर चित् को साक्षम्य
दिए जा रहा हूँ,

बस जीए जा रहा हूँ।

दुर्बुद्धि का यह दोष है,
मति में भरा आक्रोश है,
पथ-भ्रम्त हो मैं कटकों पर
चले जा रहा हूँ,

बस जीए जा रहा हूँ।

पर शेष अभी कुछ समय
है दूर, अंतर का प्रलय
मैं खींचकर खुद को अहित से,
जय पीयूष पीए जा रहा हूँ,
और अंत तक सामर्थ्य से मैं....जीए जा रहा हूँ।

****

नहीं मदद की माँग तुझे

नहीं मदद की मांग तुझे,
संघर्ष-पंथ का पंथी तू।
खोल पंख उड़ता नभ में,
विभ्राट् व्योम का पंछी तू।

आकाश में चलती वायु का
तू वक्ष चीरने निकला है।
गिरि-शिला खंडित कर दे यूँ,
भू-कम्पन बन उभरा है।

प्रश्न पूछता हूँ तुझसे--
तू अंश है किसके रक्त का?
तेरी नस में किसकी ऊर्जा,
तू वंश है कौन सशक्त का?

तू अवयव है उस शंभू का,
तीनों कालों का स्वामी जो।
जिसके देह में है तीनों लोक,
है परम सत्य का ज्ञानी जो।

ये ज्ञात रख और खड़ा हो,
खड़ा हो उस धरा पर–
जिसकी सेवा में आया तू,
इस पूज्य वसुधरा पर।

पातक मर्दन कब होगा?

विस्फुटित हुआ भुज्वल पाप का,
पल्लव-प्रांत अब सूख पड़े।
परित्याग प्रयास धर्म-गोपन का,
क्यों प्रभुवर तुम मूक खड़े।।

संत्रिप्त सदांध सिंधु-व्योम में
है अविरल अधर्म-विस्तरण।
मुख पर रघुवर, कर में असिहर,
है विभत्स काल का कारण।।

ज्वलित हुआ है अग्निकुंड वो,
जिसमें नैतिकता आहुति।
सत-असत का वचन करना,
छल करना ही है सूक्ति।।

मनसा, कर्मणा, वाचा—
भांति-भांति के पाप यहाँ।
बूढ़े विचलित की लाठी बनना
तो जैसे अभिशाप यहाँ।।

विघसा बतला, जीवन का सेवन
बना ऋणी जीवन भर का।
रक्त पिए जीवित प्राणी का,
करे सृजन चिड़ियाघर का।।

चीर-चीर इस दूषित नभ का,
कब वीरेण्य व्योम सृजन होगा?
पातक-पाप पूर्ण पृथ्वी में,
पातक मर्दन अब कब होगा।।

****

भय

भय क्या है?

जीवन से भी,
मृत्यु से भी।
करने पर,
न करने पर भी।

झूठे से भी,
सच्चे से भी।
कहने पर,
न कहने पर भी।

सुनने पर,
न सुनने पर भी।

छलने पर,
न छलने पर भी।

मिलने पर,
न मिलने पर भी।
खोने पर
और पाने पर भी।

सोने पर,
न सोने पर भी।

भय से मरने का भय न है,
क्षय-क्षय रहने का भय न है।

क्या भय,
मेरी ही असुविधा है
या जन-जन की
ये दुविधा है?

भीति-द्वंद्व की समर-भूमि पर
अडिग यज्ञ करना होगा।
भस्म-राख कर भय-अग्नि को
देह धारण करना होगा।

प्रखर भाल पर तपो-धैर्य का
विजय तिलक करना होगा।
मन झझोड़कर, मति मरोड़कर
देह विलग करना होगा।

आज देखना—
कौन भुजा में कितना
संयम-दमखम है।

मार्तंड का तेज लिए है
कौन तेज में कम-सम है।

स्नायु-स्नायु उभरी नस में
किसके ज्वाला जलती है,
और किसके भीतर
भय-अग्नि की
ठंडी हिमनद पलती है।

बनो शूर
जो बैतालों को तरुस धरकर लाए,
और राज बनो
जो सदा सत्य की भज को
जप फैलाए।

तिलक करो उस मार्तंड का,
प्रज्वलित दिव्य अनल का—
तेमिर-बंध जो मुठ्ठी में
कान्ति-भास फैलाए।

नहीं काल में इतनी क्षमता
मार सके जो तुझको।
भीति-सृजित तू
चीर-चीर कर
आज दिखा दे उसको।

आज बता दे—--
काल नहीं है अंत तेरे जीवन का।
त्याग भेष तू इस मिट्टी का
रूप धरे अन्य जन का।

हुंकार तेरी आतुर है
कण-कण को कंपित कर देने को।
विश्वास मान---तू जन्मा है
जन-जन विस्मित कर देने को।

****

साहस

विषय की विकटता ने विवश कर दिया,
साहस था तो नहीं,
परंतु साहस भर दिया।

बैठा नहर के किनारे
गुनगुनाने लगा,
या यूँ कहो कि
कुछ ओज के गीत गाने लगा।

हृदय तब शांत हुआ,
मन को रिझाया।
समझा तो नहीं,
मगर फिर भी समझाया—

कि, यह स्थिति तो बस
एक छोटी-सी घटना है।
लड़ेगा तो गिरेगा,
और गिरकर उठना है।

समस्या तो जीवन का ही
दूसरा नाम है,
और जीवित है तो
जीवन से लड़ना ही
तेरा काम है।

हर क्षण, हर पल यहाँ
कठिनाइयों भरा है।
और कुछ नहीं,
मात्र तेरा साहस
तेरे साथ खड़ा है।

आरंभ इस युद्ध में
तुझे आगे बढ़ना होगा,
हर स्थिति-परिस्थिति को
विवश करना होगा।

फिर हर दुख का
सुख में विलय होगा,
और तेरे जीवन का
नव-सूर्योदय होगा।

****

परिस्थिति भले विकल,
मनस्थिति रहे अटल।

परिस्थिति भले विकल,
मनःस्थिति रहे अटल।

है क्षणिक व्यथा का ताप,
है क्षणिक विजय-प्रताप।
क्यों संघर्ष से भय रहे,
क्यों मन में संशय रहे?

क्यों जीवन को त्याग कर
जीवात्मा अपव्यय फिरे?

ग्रीष्मता के ताप से
भले तपे हैं मरुथल,
ज्यों रेन का हो आगमन,
त्यों मरुथल हो शीतल।

परिस्थिति भले विकल,
मनःस्थिति रहे अटल।

****

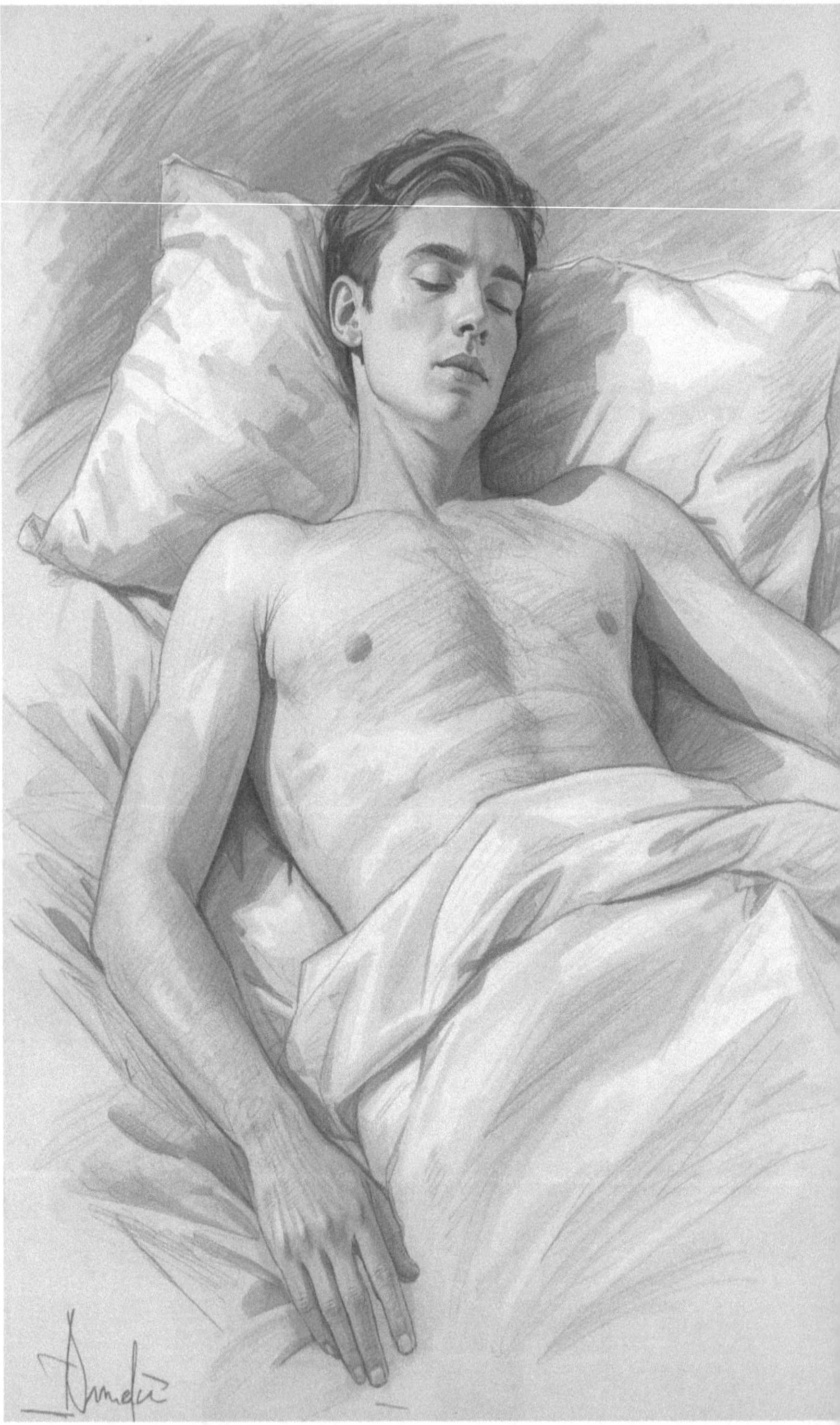

कल

प्रतिदिन मति में
यह कर विचार—
कल से हूँगा मैं
सम प्रहार।

मति को समझाता
बार-बार,
करता नित मैं
ये शत प्रयास।

या शायद
स्वयं से उपहास।

अब जीर्ण हो गया
अंतरमन,
यह देह त्याग चुका
बंधन।

जाने क्यों
यह यूँ करता है,
निष्काज भटक
मन फिरता है।

****

पश्चाताप

मैं जल रहा हूँ अग्नि में,
हूँ राख के समान अब।
विचारता हूँ नित मगर
हूँ राख के समान अब।

पर अब नहीं मैं मानता
कि हार की मैं जय सुनूँ।
विजय का मैं शिखर चुनूँ,
अनल के मैं समान बन।

शमशीर बन,
नब्ज-नब्ज से खड्ग उतार दूँ।

देह में जी रहे विकार की
जड़ों उखाड़ दूँ।

मैं चीर दूँ दूरस्थली को
तार-तार जा करूँ,
और एक नाद में निनादित
प्रहार-वार जा करूँ।

****

जीवन से लड़ना सीख गया।

ये मानव मिट्टी का तन
इतने घावों को सींच गया।
हार गया मैं जीवन से,
पर जीवन से लड़ना सीख गया।

क्षण भर के जीवन को
विषम सम में पीना सीख गया।
हार गया इस जीवन से,
पर जीवन से लड़ना सीख गया।

क्षण-क्षण के उन कष्टों में,
हर क्षण के उन कष्टों में
सुख के दामन से प्रीत गया।

हार गया मैं जीवन से,
पर जीवन से लड़ना सीख गया।

कालचक्र के चक्रव्यूह सम
नियति का मंथन बीत गया।
हार गया उस जीवन से,
पर जीवन से लड़ना सीख गया।

जीवन के उस भूमिरण में
वायु के हर पुलकित कण में
हुंकार हुआ– मैं जीत गया।
हार गया मैं जीवन से,
पर जीवन से लड़ना सीख गया।

****

आज गर्जना चीख रही है

आज गर्जना हुई निनादित
हृदयकुंड मानस भीतर।
है ज्वलंत मानस में अग्नि,
प्रज्वलंत वह्नि भीतर।

आज पिपासित
खड्ग-शूल अरि-रक्त शक्त
पी जाने को।
भस्म-राख कर भय-अग्नि को,
भीति-भाव झुलसाने को।

मृत्युकाल के विषम विष से
आज चला हूँ लड़ने में,
और आज खड़ा हूँ, युद्धभूमि पर—
समर-मनस चित के भीतर।

आज गर्जना हुई निनादित
हृदयकुंड मानस भीतर।

रग में प्रवाहित है
सिंहनाद सिंह के,
नस में उत्तेजित कर
क्रोध नरसिंह सा।

ज्वाला को हाथ लिए
तन में संचारित कर,
आज गर्जना चिख रही है
हृदयकुंड मानस भीतर।

जलते अंगारों पर
नग्न कदम से तत्पर,

तेज लिए मस्तक पर
चलता हूँ प्रबल प्रखर।

आज गर्जना चिख रही है
हृदयकुंड मानस भीतर।

****

अंतरभय

बोझ तले अंतर भय,
मानस मनशा छलें।
भीतर का दृढ़ निश्चय
दृढ़ वह्नि में जले।

क्षण-क्षण के शब्दों में
कंपित वाणी पले।
दृढ़-दमन करे दर्पण,
प्रतिबिंब स्वयं खले।

घोर विभा दर्शित हो,
रजनीचर पर दिखे।
सरगम के ताल छेड़,
सुरमध समसुर रचे।

कंपन हो वीणा में,
कंपित पर चित लगे।
हित हो, उन्माद हो—
पर अनहित स्वर सब लगे।

पर करना परिवर्तन
चित मानस के भीतर।
क्षण भर पर क्षण भर ही
जलना खुद के अंदर।

मृत्यु आवश्यक है
इस जीवन में क्षण भर।

****

मैं अंतर की सोच हूँ

मैं अंतर की सोच हूँ,
यूँ दूर तक हूँ देखता।
मीलों को निहारने वाला
मैं कोई बाज़ नहीं।

नींव दृढ़ है मेरी,
अंतर दृढ़ है मेरा।
मैं तेज हूँ यूँ
कुछ अंकों का मोहताज नहीं।

बृहद विचार है,
यूँ संकुचित नहीं मंशा।
मैं जीवन हूँ,
कोई मौत का आगाज़ नहीं।

मैं सुरहीन का ताल नहीं,
सुर हूँ संगीत का।
मैं सरगम का साज हूँ,
मैं कल हूँ या आज नहीं।

मैं जुगनू हूँ रात का,
यूँ अकेले ही चमकता हूँ।
मशालों की भीड़ में
सूरज सम दमकता हूँ।

मैं खुद की आवाज़ हूँ,
कोई खोखला अंदाज़ नहीं।

****

प्रश्न

क्या कोई कुमुद
कंटक समान आघात
किसी को देता है?
क्या कभी अन्न उपजाने वाली
भूमि को सूखा देखा है?

क्या कभी विवेकी
मनुजों ने
कोई भी अनुचित कार्य किया?
फिर क्यों क्षत्रिय शांतनु ने
गंगा के पश्चात भी
प्यार किया?

क्यों गंगा-पुत्र अजय भीष्म ने
ऐसा अनुचित व्यवहार किया?
मदिरा में लिप्त अनुज हेतु जा
सज्जन का संघार किया?

क्यों परम विदुषी कुंती ने
अपने ही सुत को त्याग दिया?
पंच सुतों में एक वधू को
एक वचन पर बाँट दिया?

हे कृष्ण,ये कैसी माया है
कि कर्ण सूत कहलाया है?
और एकलव्य-सा शूर शिष्य को
द्रोण ने व्यर्थ बनाया है?

क्या किसी गुरु ने एक शिष्य से
नाता अपना जोड़ा है?
चाहे बाकी सामर्थ्यहीन पर
उनसे स्वमुख मोड़ा है?

जब धर्मसभा में द्रुपद-सुता का
चीर-चीर दिया जाता है,
धर्मज्ञों से भरी सभा में
क्यों स्वतः मौन छा जाता है?

क्यों धर्मवान व सत्यवान
युधिष्ठिर चुप हो जाता है?
क्यों देख क्षितिज अनैतिकता का
धर्म मूक हो जाता है?

हे कृष्ण,ये कैसी माया है
जो तुमने धर्म बताया है?
क्या यही धर्म है मानवता का
जो तुमने हमें सिखाया है?

या कि वर्तमान के पृष्ठों पर
तुमने इतिहास रचाया है?
और तनिक अनैतिकता के मूल्य
पर
तुमने धर्म बचाया है?

****

वेदना संवेदना

मधुर मृदुल मानस मुक्ता,
स्नेह सानित सम भाव् ये ।
रुधिर देख कंपित हो जो,
अनुथित अनुकंपित भाव् ये ।

अबल असाह न भाव मनुज का,
चित भाव सुजान सुधीर का ये।
अभिव्यक्ति स्नेह स्वभाव व्यथित
को,
न भावहीन का भाव ये।

संवेदन स्नेह सृजन करता,
स्नेह साहस का कारक है।

और देख व्यथित को व्यथित न हो जो,
पाषाण हृदय का तारक है।

अश्रु पूर्ण जो चक्षु नहीं देख
प्रसून भूभाग पर,
और कंपित चित न हो जिनका
देख चिता मृद आग पर।

कुमुद प्रांत पर प्रेमपूर्ण
मन भाव व्यक्त जो करता है,
फिर प्रांत हरण पुलकित पल्लव
का
रूप वेश जो हरता है।

वो प्रेम स्नेह का ज्ञान बने,
नीति धर्म का मान बने।

संवेदनहीन संवाद है ये,
और छल प्रपंच अपवाद है ये।

और देख आघात उपहास करे,
दुख दुविधा पर परिहास करे।
वो स्नेहहीन, वो भावहीन,
वो दीनहीन सम मानव है।

मंतव्य पिरो उचित शब्दों में–
कहूँ यदि
तो दानव है।

****

अहं ब्रह्मास्मि

विक्राल काल का आदिरूप मैं,
तीक्ष्ण ब्रह्मा विष्णु स्वरूप ।
प्रखर प्रलय का कारक मैं,
साहस अदम्भ का तारक मैं।

मैं मार्तंड की हूँ रश्मि,
अहं ब्रह्म अंश, अहं ब्रह्मास्मि।

मैं न हूँ नाश, मैं अविनाश भी।
मैं छल भी, मैं हूँ विश्वास भी।
मैं प्रेम प्रीत, पर द्वेष भी मैं।
मैं शीतल चित पर आवेश भी मैं।

मैं क्या भीतर– मैं ही जानूँ,
हूँ मैं प्रभात या हूँ तमसि।
अहं ब्रह्म अंश, अहं ब्रह्मास्मि।

हैं सप्त चक्र मेरे भीतर,
मैं वह्नि-अनल, मैं तीव्र प्रखर।
जो दृढ़ विचारों को कर पाऊँ,
पर्वत से पानी भरवाऊँ।

मैं प्रबल तेज भैरवी राग,
प्रज्वलित मनस में मेरे आग।
शीतल अहं, रुद्रः अस्मि–
अहं ब्रह्म अंश, अहं ब्रह्मास्मि।

****

प्रतिशोध

प्रलय नाद प्रारंभ हुआ,
नवकाल सृजन आरंभ करो हे।
खड़ा शत्रु सरहद सीमा पर,
शोणित क्षय समारंभ करो हे।

आज बुलाती विधवा की
चित्कार तुम्हें रणभूमि में।
आज सुनाती चीखों के
हुंकार समर की भूमि में।

पुनरंभ हुआ है द्वंद्व—
धर्म, नैतिकता, शील मनन का।
और काल आ गया है
दुष्टों के पातक पाप हनन का।

अब एक बार में विषम काल
संहार का शंख बजेगा।
और कालखंड का प्रलय तांडव
भयावह दृश्य रचेगा।

और खंड-खंड कर देगा
अरि के कल्पित षड्यंत्रों को।
और जला अनल समर अग्नि की
शत्रुओं को भस्म करेगा।

हुआ यज्ञ आहुति इसमें
शूरों की, बलवानों की।
इसी यज्ञ में भस्म करेंगे
दम्भ, द्वेष, अभिमानों की।

दृश्यत हुआ बस दृष्ट्यत में
अभी प्रेम, स्नेह और भक्ति का।
पर आज उदाहरण देखोगे तुम
रण कौशल और शक्ति का।

****

चिल्लाता है वो सन्नाटा।

ढले भोर जब मार्तंड ले,
ओट तिमिर की है छिप जाता।
त्याग मदक मनभाव मनुज का,
भीति भयावह भेष बनाता।

दैत्य असुर सम मनसा लेकर
किसी कुमुद लावण्य चुराता।
देख धर्म की ये आहुति,
चिल्लाता है वो सन्नाटा।

मार्ग प्रतिष्ठित मंदिर, मस्जिद,
गिरजाघर में शीश नवाता।
उन्हीं मार्ग पर चलने वाली
माँ-भगिनी का मान झुकाता।

बनकर निष्चल पात तरु के
छल-प्रपंच के जाल फैलाता।

देख धर्म की ये आहुति,
चिल्लाता है वो सन्नाटा।

****

पाखंड

कर प्रज्वलित लोक कपट की,
क्या मनुज तू सोचता?
लांघ क्षितिज को धर्म-नीति के
ब्रह्मतत्त्व को खोजता?

क्या आडंबर के इस माया में
आधिपत्य ये मिलता है?
देख सके तू मार्तंड को
भले पाप में पलता है?

क्या नहीं तुझे इतनी सी शंका—
देख सकेगा तू उसको?
क्या इन कपटी क्लेशी करों से
पूज सकेगा तू उसको?

तू इतना कपटी क्लेशी है,
ईर्षालु, दंभी, द्वेषी है।

भीतर से अपने द्वेष हटा,
झूठा ये दंभावेश हटा।

****

प्रलय

जब कालचक्र का कालखंड
अवसान के मुख में जाएगा,
जब मानव ही मानवता का
ओका अनंत पर उतर आएगा।

जब पृथ्वी पर न वायु होगी,
न तरणी की बहती धारा,
सर्वत्र अनावृष्टि फैलेगी,
प्रदूषण प्रबल हो जाएगा।

जब माँ-भगिनी संबंध नहीं,
मात्र दुर्वचन बन जाएगा—
वह अंत समय पृथ्वी का होगा,
पृथ्वी का जो प्रलय कहलाएगा।

जब षष्ट विकार विजय होंगे,
मानव पापी बन जाएगा,
जब द्वादश सूर्य उदय होंगे
और ताप प्रकोप बरसाएगा।

जब रवि पश्चिम उदय होगा
और पूर्व में ढल जाएगा,
जब धर्म मौन धारण कर लेगा
अधर्म चीखेगा, चिल्लाएगा।

जब मानव कर्म का त्याग करेगा,
आलस सेवक बन जाएगा—
वह अंत समय होगा पृथ्वी का
जो प्रलय कहलाएगा।

जब घृणा का भाव यहीं होगा
और प्रेम का भाव नहीं होगा,
जब सत्य तत्त्व की हार पर
षड्यंत्र अटल विजय होगा।

जब स्नेह भाव धूमिल होगा
और काम प्रेम दर्शाएगा–
वह अंत समय होगा पृथ्वी का
जो प्रलय कहलाएगा।

****

भय यदि तुम्हें पराजित कर दे,
तो तुम जय के पात्र नहीं हो।

भय यदि तुम्हें पराजित कर दे,
तो तुम जय के पात्र नहीं हो।
स्मरण रहे यह तथ्य, बंधुवर,
तुम सार्वत्रिक मात्र नहीं हो।

तुम अवयव उस दिव्य स्रोत का,
तुम धैर्य के अर्ह, कुशल हो।
भय से किंचित् भी हारो मत,
तुम साहस के पात्र प्रबल हो।

जब संशय घेरें चित्त तुम्हारा,
तो तुम संशय मात्र नहीं हो।

स्मरण करो निज तेज, बंधुवर,
तुम जड़ता के पात्र नहीं हो।

भय यदि तुम्हें पराजित कर दे,
तो तुम जय के पात्र नहीं हो।

तुम वह्नि-अंश उस सत्य-ज्योति का,
तुम धैर्य-व्रत के संबल हो।
भय से किंचित् भी झुको नहीं,
तुम साहस के पात्र अचल हो।

यदि काल प्रचंड समक्ष खड़ा हो,
तो तुम भय के दास नहीं हो।
स्मरण रहे यह तथ्य, बंधुवर,
तुम निर्बल इतिहास नहीं हो।

भय यदि तुम्हें पराजित कर दे,
तो तुम जय के पात्र नहीं हो।

तुम चेतन उस ब्रह्म प्रकाश के,
तुम संकल्पों के संबल हो।
भय से किंचित् भी हारो मत,
तुम साहस के पात्र अमल हो।

****

बड़े नासाज मंज़र से गुज़रते देखा है...

बड़े नासाज मंज़र से गुज़रते देखा है...

कभी टूटते हौसलों को
जुड़ते देखा है
कभी लम्हों को खामोशियों में
ढलते देखा है...

जो हँसते रहे
दर्द छुपाकर हर दम
उन्हें तन्हाइयों में
बिखरते देखा है...

बड़े नासाज मंज़र से गुज़रते देखा है...

कभी वक़्त हाथ से
फिसलते देखा है
कभी किस्मत को
करवट बदलते देखा है...

जो कल तक थे
रोशन चरागों की तरह
उन्हें आज अंधेरों में
झुलसते देखा है...

बड़े नासाज मंज़र से गुज़रते देखा है...

कभी रिश्तों को लफ़्ज़ों में
सिमटते देखा है

कभी अपनों को अपनों से
उलझते देखा है...

ये दुनिया भी अजीब
सा अफ़साना, ज़हन
कई चेहरे नकाबों में
बदलते देखा है...

बड़े नासाज मंज़र से गुज़रते देखा है...

हमने आफ़ताब को घन से
निकलते देखा है
देखा है... कई भंवरों..
को शिरीं मिलते पर
कुछ को ज़हर से
मरते भी हुए देखा है...

बड़े नासाज मंज़र से गुज़रते देखा है...

बद को बदतर, बद से बेहतर
में ढलते देखा है
हमने ज़िंदगी को
संभलते देखा है...

बड़े नासाज मंज़र से गुज़रते देखा है...

है रुतबा कशमकश
पर शायद हमारा
हमने रातों में सूरज
निकलते देखा है...

देखे हैं कई लोग मोम से हमने

हर किसी पर
पिघलते देखा है...

देखे हिम से सख्त भी शायद हमने
औ- कुछ को पत्थर सा
बनते देखा है...

बड़े नासाज मंज़र से गुज़रते देखा है...

आओ अब इश्क की बात करते हैं...

इसमें कईयों को
मरते देखा है...
कुछ का ज़हन
बिखरते देखा है...

कुछ का चेहरा
बिगड़ते देखा है...

बड़े नासाज मंज़र से गुज़रते देखा है...

ये कैसी इज़्तिराबी ज़िंदगी है...
कभी उसको
ना-काबिल देखा है
ऐसे बद-हवास ज़िंदगी में
कभी ख़ुद सा ना
ज़ाहिल देखा है...

बड़े नासाज मंज़र से गुज़रते देखा है...

****

सच है कि सामने मुश्किल घड़ी है
आलम है यह कि, इज़्तिराब बड़ी है।
ऐसे में एक मौक़ा
मैं ख़ुद को नवाज़ रहा हूँ,
दरअसल मैं ख़ुद को अंदाज़ रहा हूँ।

समापन टिप्पणी

जब इस ग्रंथ की अंतिम पंक्ति पर दृष्टि ठहरती है, तब यह अनुभव होता है कि "प्रखर" केवल काव्यपंक्तियों का संग्रह नहीं था; यह एक दीर्घ चेतना-समर था। इस समर में शब्द शस्त्र बने, विचार वह्नि बने और प्रश्न वह गर्जना बने जो मनुष्य के अंतर्मन में सुप्त साहस को जागृत करने का प्रयास करती रही।

इस यात्रा के आरंभ से अंत तक एक ही ध्वनि बार-बार प्रतिध्वनित होती रही— कि मनुष्य केवल मांस और मस्तिष्क का पिंड नहीं है; वह ब्रह्मांश है।
उसी सत्य की उद्घोषणा कभी *"अहं ब्रह्मास्मि"* के मंत्र में प्रकट हुई, कभी साहस के आवाहन में और कभी धर्म के प्रश्नों में।

"प्रखर" की पंक्तियों में जो अग्नि दिखाई देती है, वह केवल क्रोध की ज्वाला नहीं है। वह उस आंतरिक वह्नि का प्रतीक है जो मनुष्य को उसके भीतर छिपे हुए भय, पाखंड और विकारों के विरुद्ध खड़ा होने की शक्ति देती है। यहाँ समर किसी बाहरी रणभूमि का नहीं, बल्कि मनुष्य के अंतर्मन की रणभूमि का है—जहाँ साहस और भीति, सत्य और छल, धर्म और अधर्म निरंतर आमने-सामने खड़े हैं।

इन कविताओं में बार-बार यह संकेत मिलता है कि जब मनुष्य अपने भीतर के धर्म से विमुख हो जाता है, तब संसार में केवल बाहरी आडंबर शेष रह जाते हैं। मंदिर, मस्जिद और गिरिजाघर की परिक्रमा करने वाला वही मनुष्य यदि अपने आचरण में धर्म को न धारण करे, तो वह आस्था नहीं, केवल पाखंड का आवरण बन जाता है।

इसी कारण इस काव्ययात्रा में कवि ने अनेक बार तीखे प्रश्न उठाए हैं। इतिहास, पुराण, समाज और स्वयं मनुष्य के अंतर्मन—सबको इन प्रश्नों के कटघरे में खड़ा किया गया है। क्योंकि धर्म का वास्तविक स्वरूप प्रश्नों से भयभीत नहीं होता; वह तो सत्य की अग्नि में तपकर और भी प्रखर हो जाता है।

"प्रखर" में एक ओर आत्मबोध का मंत्र है, तो दूसरी ओर प्रलय की चेतावनी भी है। कवि बार-बार उस संभावित समय की कल्पना करता है जब मनुष्य अपनी ही मानवता का संहारक बन जाएगा—जब प्रेम का स्थान द्वेष ले लेगा, सत्य का स्थान षड्यंत्र और कर्म का स्थान आलस्य। उस स्थिति को कवि "प्रलय" के रूप में देखता है।

परंतु यह प्रलय केवल विनाश का प्रतीक नहीं है; यह

उस परिवर्तन का भी संकेत है जिसमें अधर्म का दंभ भस्म होकर नई चेतना का उदय होता है।

इस समस्त यात्रा में मार्तंड, अग्नि, यज्ञ, समर और प्रलय जैसे प्रतीक बार-बार प्रकट होते हैं। ये प्रतीक केवल काव्य अलंकार नहीं हैं; ये उस वैदिक दृष्टि के संकेत हैं जहाँ सृष्टि का प्रत्येक परिवर्तन एक यज्ञ है—और प्रत्येक यज्ञ में कुछ न कुछ आहुति देनी पड़ती है। कभी अहंकार की आहुति, कभी भय की और कभी अपने ही भ्रमों की।

अब जब यह काव्ययात्रा अपने अवसान पर है, तब संभव है कि इन पंक्तियों की गर्जना धीरे-धीरे शांत हो जाए। परंतु यदि इस ग्रंथ का कोई वास्तविक उद्देश्य रहा है, तो वह यही है कि यह प्रखर चेतना पाठक के भीतर जीवित रहे।

क्योंकि ग्रंथ का अंत तभी होता है जब उसके शब्द समाप्त होते हैं; परंतु विचार का अंत तब तक नहीं होता जब तक वह किसी मन में प्रश्न बनकर जीवित रहता है।

संभव है कि इन कविताओं में कही गई प्रत्येक बात से सहमति न हो। संभव है कि कुछ पंक्तियाँ मन को असहज भी करें। परंतु यदि इन शब्दों ने एक क्षण के लिए भी मनुष्य को अपने भीतर झाँकने के लिए विवश किया है, तो यह काव्ययज्ञ सफल हुआ है।

अंततः "प्रखर" कोई अंतिम सत्य नहीं प्रस्तुत करता।
यह केवल एक आवाहन है—
अपने भीतर की भीति को भस्म करने का,
अपने अंतर्मन की वह्नि को जागृत करने का,
और उस ब्रह्मांश को पहचानने का जो प्रत्येक मनुष्य में विद्यमान है।

यदि इस यात्रा के पश्चात पाठक के भीतर यह प्रश्न
जागृत हो जाए कि वह वास्तव में कौन है—
भय से संचालित एक जीव,
या साहस से दीप्त एक चेतना—
तो यही इस ग्रंथ की सबसे बड़ी उपलब्धि होगी।

क्योंकि अंततः "प्रखर" केवल शब्दों का प्रकाश नहीं है;
यह उस चेतना का प्रकाश है जो अंधकार के मध्य भी
मार्तंड की रश्मि बनकर प्रकट हो सकती है।

और शायद इसी कारण—
यह काव्ययात्रा समाप्त होकर भी
समाप्त नहीं होती।

****

आभार-पत्र

प्रिय बंधुवर,

यदि तुम यहाँ तक पहुँचे हो, तो समझो कि यह केवल एक पुस्तक का अंत नहीं है। यह उन प्रश्नों, उन समरों, उन अंतराग्नियों की यात्रा का एक विराम मात्र है, जिनसे *प्रखर* का प्रत्येक शब्द जन्मा था।

इन पृष्ठों में जो तुम्हें दिखाई दिया—वह केवल कविता नहीं थी। कहीं वह जीवन का ताप था, कहीं मन का द्वंद्व, कहीं धर्म और अधर्म के मध्य खड़ा वह मनुष्य था जो स्वयं से प्रश्न करता है। कहीं वह साहस था जो भय के समक्ष अडिग खड़ा रहता है, और कहीं वह व्यथा जो मनुष्य को भीतर से तपाकर उसे और प्रखर बना देती है।

संभव है कि इन पंक्तियों में तुम्हें अपना ही प्रतिबिंब दिखा हो—कभी संघर्ष करता, कभी प्रश्न करता, कभी नियति से जूझता हुआ। यदि ऐसा हुआ है, तो समझो कि यह लेखन सफल हुआ। क्योंकि *प्रखर* उत्तर देने का प्रयास नहीं करता—यह मन के भीतर सुप्त प्रश्नों को जागृत करने का प्रयत्न करता है।

बंधुवर, सत्य यह है कि यह ग्रंथ लिखते समय मुझे ज्ञात नहीं था कि इन शब्दों को कौन पढ़ेगा, कौन समझेगा, और कौन इन्हें केवल एक क्षण पढ़कर आगे बढ़ जाएगा। पर तुमने इन्हें अंत तक पढ़ा। तुमने अपने समय का एक अंश इन विचारों को दिया—और यह किसी भी लेखक के लिए सबसे बड़ा विश्वास होता है।

जब तुम इस ग्रंथ को अब बंद करोगे, तो संभव है शब्द यहीं स्थिर हो जाएँ। पर यदि कभी जीवन के किसी कालखंड में तुम्हारे भीतर वही प्रश्न, वही ज्वाला, वही

प्रखरता पुनः जागृत हो—तो समझ लेना कि यह संवाद अभी समाप्त नहीं हुआ है।

मेरे लिए यह केवल लेखन नहीं था—यह एक तप था, एक मनन था, एक आंतरिक समर था। और इस समर के साक्षी बनने के लिए मैं तुम्हारा हृदय से कृतज्ञ हूँ।

तुम्हारे समय, तुम्हारे मनन और तुम्हारे धैर्य को नमन।

-- सिद्धांत तिवारी

****

प्रश्नाग्निना तप्यमानः चेतसा यो विचिन्तयेत् ।
जीवनस्य रहस्यार्थं स तत्त्वं प्रतिपद्यते ॥

नायं ग्रन्थः शब्दमात्रं न काव्यस्य केवलं रचः ।
चेतसि यः प्रज्वलत्यन्तः स एव प्रखरः स्मृतः ॥

यत्र साहसमुत्तिष्ठेत् यत्र भीतिः विनश्यति ।
तत्रैव मानवस्यायं स्वात्मदीपः प्रजायते ॥

www.ingramcontent.com/pod-product-compliance
Lightning Source LLC
LaVergne TN
LVHW100317210926
848480LV00003B/1160

* 9 7 9 8 9 0 3 9 2 1 8 5 0 *